Руслан и Людмила
(Либретто)
Ruslan i Lyudmila (Libretto)
Михаил Глинка
Mikhail Glinka

Ruslan i Lyudmila (Libretto)
Copyright © JiaHu Books 2014
First Published in Great Britain in 2014 by Jiahu Books – part of
Richardson-Prachai Solutions Ltd, 34 Egerton Gate, Milton Keynes,
MK5 7HH
ISBN: 978-1-78435-066-6
Conditions of sale
All rights reserved. You must not circulate this book in any other
binding or cover and you must impose the same condition on any
acquirer.
A CIP catalogue record for this book is available from the British
Library
Visit us at: jiahubooks.co.uk

ДЕЙСТВУЮЩИЕ ЛИЦА 5

ДЕЙСТВИЕ ПЕРВОЕ 7

ДЕЙСТВИЕ ВТОРОЕ 22

ДЕЙСТВИЕ ТРЕТЬЕ 34

ДЕЙСТВИЕ ЧЕТВЕРТОЕ 43

ДЕЙСТВИЕ ПЯТОЕ 50

ДЕЙСТВУЮЩИЕ ЛИЦА:

Светозар, великий князь киевский *баритон (или высокий бас)*
Людмила, его дочь *сопрано*
Руслан, киевский витязь, жених Людмилы *баритон*
Ратмир, князь хазарский *контральто*
Фарлаф, рыцарь варяжский *бас*
Горислава, пленница Ратмира *сопрано*
Финн, добрый волшебник *тенор*
Наина, злая волшебница *меццо-сопрано*
Баян, певец *тенор*
Голова *хор басов*
Черномор, злой волшебник, карломим. роль

Сыновья Светозара, витязи, бояре и боярыни, сенные девушки, няни и мамки, отроки, гридни, чашники, стольники, дружина и народ; девы волшебного замка, арапы, карлы, рабы Черномора, нимфы и ундины.

Действие происходит во времена Киевской Руси.

ДЕЙСТВИЕ ПЕРВОЕ

Роскошная великокняжеская гридница в Киеве. Свадебный пир. За столом сидит Светозар, по обеим сторонам его Руслан и Людмила, по бокам стола Ратмир и Фарлаф. Гости и музыканты. Отдельно — Баян с гуслями.

Хор, баян

Дела давно минувших дней,
Преданья старицы глубокой...

Хор

Послушаем его речей!
Завиден дар певца высокий:
Все тайны неба и людей
Провидит взор его далекий.

Баян

Про славу русския земли
Бряцайте, струны золотые,
Как наши деды удалые
На Царьград войною шли.

Хор

Да снидет мир на их могилы!
Воспой нам, сладостный певец,
Руслана, и красу Людмилы,
И Лелем свитый им венец.

Баян

За благом вслед идут печали,
Печаль же — радости залог;
Природу вместе созидали
Белбог и мрачный Чернобог.

Оденется с зарею
Роскошною красою

Цветок любви, весны;
И вдруг порывом бури
Под самый свод лазури
Листки разнесены.

Жених воспламененный
В приют уединённый
На зов любви спешит,
А рок ему навстречу
Готовит злую сечу
И гибелью грозит.

Фарлаф

Что слышу я? Ужель злодей
Погибнет от руки моей?

Ратмир

Понятен тайный смысл речей:
Погибнет скоро мой злодей!

Светозар

Ужели в памяти твоей
Нет брачных песен веселей?

Руслан

О, верь любви моей, Людмила,
Нас грозный рок не разлучит!

Людмила

Руслан, верна твоя Людмила,
Но тайный враг меня страшит!

Баян

Мчится гроза, но незримая сила
Верных любви защитит.
Велик Перун могучий,
Исчезнут в небе тучи,
И солнце вновь взойдет!

Руслан

Гроза небес тому, Людмила,
Кто сердца другу не хранит!

Людмила

Небес невидимая сила
Нам будет верный щит!

Баян

Но радости примета,
Дитя дождя и света,
Вновь радуга взойдет!

Хор

Мир и блаженство, чета молодая!
Лель вас крылом осенит!
Страшная буря, под небом летая,
Верных любви пощадит.

Ратмир

Лейте полнее кубок златой!
Всем нам написан час роковой!

Фарлаф

Вещие песни не для меня —
Песни не страшны храбрым, как я!

Светозар

Лейте полнее кубок гостям!
Слава Перуну, здравие нам!

Хор

Светлому князю и здравье и слава,
В битве и мире венец!
В силе твоя процветает держава,
Руси великий отец!

Баян

Есть пустынный край,
Безотрадный брег,
Там до полночи
Далеко.
Солнце летнее
На долины там
Сквозь туман глядит
Без лучей.

Но века пройдут,
И на бедный край
Доля дивная
Низойдет.
Там младой певец
В славу родины
На златых струнах
Запоет.
И Людмилу нам
С ее витязем
От забвения сохранит.

Но не долог срок
На земле певцу,
Но не долог срок
На земле.
Все бессмертные —
В небесах.

Хор

Светлому князю — и здравье и слава,
В битве и мире венец!
В силе твоей процветает держава,
Руси великий отец
С супругою милой
Да здравствует князь молодой!
Пусть Лель легкокрылый
Хранит их блаженный покой!
Пусть Ладо дарует

Бесстрашных, могучих сынов!
Пусть долго чарует
Их жизни святая любовь!

Трубы звучнее княжеский дом
Пусть огласят!
Кубки полнее светлым вином
Пусть закипят!

Радость — Людмила,
Кто красотой
Равен с тобой?
Меркнут светила
Ночи порой
Так пред луной.

Витязь могучий,
Враг пред тобой
С поля бежит;
Черный свод тучи
Так под грозой
В небе дрожит.

Все встают из-за стола.

Ликуйте, гости удалые,
Да веселится княжий дом!
Напеньте кубки золотые
Шипучим медом и вином!
Да здравствует чета младая,
Краса-Людмила и Руслан!
Храни их, благость неземная,
На радость верных киевлян!

Людмила

Грустно мне, родитель дорогой!
Как во сне мелькнули дни с тобой!
Как спою: ой, Ладо! Дид-Ладо!
Разгони тоску мою,
Радость-Ладо!
С милым сердцу чуждый край
Будет рай;

В терему моем высоком,
Как и здесь порой,
Запою, запою, родитель дорогой,
Запою: ой, Ладо!
Про любовь мою,
О Днепре родном, широком,
Нашем Киеве далеком!

Няни и сенные девушки

Не тужи, дитя родимое!
Будто все земные радости —
Беззаботно песней тешиться
За косящатым окошечком.
Не тужи, дитятко,
Будешь жить радостно!

Гости

Не лебедка белоснежная
По волнам Днепра широкого,
По волнам Днепра широкого
Отплывает на чужбинушку, —
Покидает нас красавица,
Наших теремов сокровище,
Гордость Киева родимого,
Гордость Киева родимого.

Общий хор

Ой, Дидо-Ладо! Дидо-Ладо, Лель!
Ой, Дидо-Ладо, Лель!

Людмила

(оброрачивается шутливо к Фарлафу)
Не гневись, знатный гость,
Что в любви прихотливой
Я другому несу
Сердца первый привет.
Принужденной любви
Кто в душе справедливой
Примет хладный обет?

Храбрый витязь Фарлаф,
Под звездою счастливой
Для любви ты явился на свет.

Хор

Нежность подруги нам красит свет,
А без взаимности счастья нет!

Людмила

(Ратмиру)
Под роскошным небом юга
Сиротеет твой гарем.
Возвратись, твоя подруга
С лаской снимет бранный шлем,
Меч укроет под цветами,
Песнью слух твой усладит
И с улыбкой, и с слезами
За забвение простит!

Недовольны они!
Виновата ли я,
Что мой милый Руслан.
Всех милей для меня,
Что ему лишь несу
Сердца первый привет,
Счастья верный обет?

(Руслану)
О мой милый Руслан,
Я навеки твоя,
Ты всех в свете милей для меня.

Хор

Светлый Лель,
Будь вечно с нею,
Дай ей счастья
Полны дни!

Людмила

(одновременно с хором)
Светлый Лель,
Будь вечно с нами!
Дай нам счастья
Полны дни!
Изумрудными крылами
Нашу долю осени!

Хор

Сильной волею твоею
От печален охрани!

Людмила

Светлый Лель, будь вечно с нами!
Дай нам счастья полны дни!
Изумрудными крылами
Нашу долю осени!

Светозар

(благословляя)
Чада родимые, небо устроит вам радость!
Сердце родителя — верный вещун.

Хор

Скрой от ненастья, от чары опасной их младость,
Сильный, державный, великий Перун!

Руслан

(Светозару)
Клянусь, отец, мне небом данный,
Всегда хранить в душе моей
Союз любви, тобой желанный,
И счастье дочери твоей.

Людмила

О ты, родитель незабвенный!
Ах, как покинуть мне тебя

И Киев наш благословенный,
Где так была счастлива я!

Руслан

(Людмиле)
И ты, души, души отрада,
Клянись, клянись любовь, любовь хранить!
Пусть твои желанья,
Улыбка, милый взгляд,
Все тайные мечтанья
Лишь мне принадлежат!
Я — твой, я — твой, моя Людмила,
Доколе жизнь по мне, во мне кипит,
Доколе хладная могила
Землей мне персей не стеснит!

Людмила

(Руслану)
Прости, прости мне, витязь милый,
Невольную, невольную печаль.
Здесь всем с твоей Людмилой
Навек расстаться жаль.
Но я — твоя, твоя отныне,
О ты, моей души кумир!
О, верь, Руслан: твоя — Людмила,
Доколе жизнь в груди, в груди кипит,
Доколе хладная могила
Землей мне персей не стеснит!

Хор

Радость нам ниспошли
И любовь ниспошли!

Ратмир

Брег далекий, брег желанный,
О Хазария моя!
Ах, какой судьбой враждебной
Твой приют покинул я!

Там лишь слухом знал я горе,
Там все нега, нега,
Там все нега и краса...
О, скорей в родные сени,
К незабвенным берегам,
К милым девам, к милым девам, к тихой лени,
К прежней неге, неге и пирам!

Фарлаф

Торжествует надо мною
Ненавистный недруг мой...
Нет, не дам тебе без бою
Обладать моей княжной!
Я красавицу похищу,
В темном лесе притаясь,
А тебе врагов накличу, —
Бейся с ними, храбрый князь!

Радость близко, о, Людмила!
Радость грудь, мою теснит!
Никакая в мире сила
Наш союз по сокрушит!

Светозар

Боги нам
Счастья дни
И любви
Ниспошлют!

Хор

Лель таинственный, упоительный,
Ты восторги льешь в сердце нам.
Славим власть твою и могущество,
Неизбежные на земле.
Ой, Дидо-Ладо, Лель!

Ты печальный мир превращаешь нам
В небо радостей и утех;
В ночь глубокую, чрез беду и страх,
К ложу роскоши нас ведешь,

Н волнуешь грудь сладострастием,
И улыбку шлешь на уста.
Ой, Дидо-Ладо, Лель!

Но, чудесный Лель, ты — бог ревности,
Ты вливаешь в нас мщенья жар,
И преступника ты на ложе нег
Предаешь врагу без меча.
Так равняешь ты скорбь и радости,
Чтобы неба нам не забыть.
Ой, Дидо-Ладо, Лель!

Все великое, все преступное
Смертный ведает чрез тебя;
Ты за родину в битву страшную,
Как на светлый пир, нас ведешь;

Уцелевшему ты венки кладешь
Лавра вечного на главу,
А кто пал в бою за отечество,
Тризной славною усладишь!

Лель таинственный, усладительный,
Ты восторги льешь в сердце нам!

Короткий сильный удар грома; темнеет.

Что случилось?

Удар грома; становится еще темнее.

Гнев Перуна?

Сильный и продолжительный удар грома; все погружается в мрак. Появляются два чудовища и уносят Людмилу. Гром постепенно утихает. Все поражены, в оцепенении.

                      Фарлаф, Светозар

Какое чудное мгновенье!
Что значит этот дивный сон,
И это чувств оцепененье,
И мрак таинственный кругом?

Хор

Что с нами?
Но тихо все под небесами,
Как прежде, месяц светит нам,
И Днепр тревожными волнами
Не бьется к сонным берегам.

Мрак мгновенно исчезает; по-прежнему светло.

Руслан

Где Людмила?

Хор

Где юная княжна?

Руслан

Здесь со мною говорила
С тихой нежностью она.

Светозар

Скорее, отроки, бегите!
Все входы в терем осмотрите,
И княжий двор, и град кругом!

Хор

Не даром грянул над главами
Перуна неизбежный гром!

Руслан

О, горе мне!

Хор

О, горе нам!

Светозар

О дети, други!
Я помню прежние заслуги,
О, сжальтесь, сжальтесь,
Сжальтесь вы над стариком!

Хор

О, бедный князь!

Светозар

Скажите, кто, кто из нас согласен
Скакать за дочерью моей?

Хор

Что слышим!

Светозар

Чей подвиг будет не напрасен,
Тому я дам её в супруги.

Хор

Что слышим!

Светозар

С пол царством прадедов моих.

Хор

С пол царством!

Светозар

С пол царством прадедов моих.

Хор

О, кто теперь найдет княжну? Кто? Кто?

Светозар

Кто ж готов? Кто? Кто?

Ратмир

О витязи, скорей во чисто поле!
Дорог час, путь далек.
Борзый конь меня помчит по воле,
Как в степи, как в степи ветерок.
Чуток он: на путь, мне неизвестный,
Без удил полетит!

Верный меч, как талисман чудесный,
Ков врага сокрушит!

Хор

Чуткий конь
На путь безвестный
Без удил полетит!

Руслан

Верный меч, как талисман чудесный,
Ков врага сокрушит!
Верный меч, как талисман чудесный,
Ков врага сокрушит!

Фарлаф

Верный меч,
Как талисман чудесный,
Сокрушит!

Светозар

Верный меч сокрушит!

Хор

Верный меч
Ков врага сокрушит!

Ратмир, Руслан, Фарлаф и Светозар

Верный меч, как талисман чудесный,
Ков врага сокрушит!
О витязи, скорей во чисто поле!
Дорог час, путь далек.
Борзый конь меня помчит по воле,
Как в степи, как в степи ветерок.

Ратмир

Чуткий конь: на путь, мне неизвестный,
Без удил полетит!
Верный меч, как талисман чудесный,
Ков врага сокрушит!

Хор

Чуткий конь
На путь безвестный
Без удил полетит!

Руслан

Верный меч, как талисман чудесный,
Ков врага сокрушит!

Фарлаф

Верный меч,
Как талисман чудесный,
Сокрушит!

Светозар

Верный меч сокрушит!

Хор

Верный меч
Ков врага сокрушит!

Ратмир, Руслан, Фарлаф, Светозар

Верный меч, как талисман чудесный,
Ков врага сокрушит!

Хор

Отец Перун, ты их храни, храни в пути
И ков врага ты сокруши, ты сокруши!

Все

О витязи, скорей во чисто поле!
Дорог час, путь, далек.
Нас, Перун, храни в пути
И ков злодея сокруши!

***

ДЕЙСТВИЕ ВТОРОЕ

Пещера Финна. Входит Руслан.

Финн

Добро пожаловать, мой сын
Я, наконец, дождался дня,
Давно предвиденного мною.
Мы вместе сведены судьбою.
Узнай, Руслан: твои оскорбитель —
Волшебник страшный Черномор.
Еще ничей в его обитель
Не проникал доныне взор.
В нее ты вступишь, и злодей
Падет от руки твоей.

Руслан

Прости мне дерзостный вопрос.
Откройся: кто ты, благодатный,
Судьбы наперсник непонятный?
В пустыню кто тебя занес?

Финн

Любезный сын,
Уж я забыл отчизны дальней
Угрюмый край. Природный Финн,
В долинах, нам одним известных,
Гонял я стадо сел окрестных.
Но жить в отрадной тишине
Дано не долго было мне.

Тогда близ нашего селенья
Наина, цвет уединенья,
Гремела дивной красотой.
Я деву встретил... Роковой
За взор мне пламень был наградой,
И я любовь узнал душой,

С ее небесною отрадой,
С се мучительной тоской.

Умчались года половина;
Я с трепетом явился к ней,
Сказал: «Люблю тебя, Наина!»
Но робкой горести моей
Наина с гордостью внимала,
Лишь прелести свои любя,
И равнодушно отвечала:
«Пастух, я не люблю тебя!»

И все мне дико, мрачно стало:
Родная куша, тень дубров,
Веселы игры пастухов —
Ничто тоски не утешало.

Я вызвал смелых рыбаков
Искать опасностей и злата.
Мы десять лет, под звук булата,
Багрились кровию врагов.

Сбылися пылкие желанья,
Сбылись давнишние мечты:
Минута сладкого свиданья,
И для меня блеснула ты!
К ногам красавицы надменной
Принес я меч окровавленный,
Кораллы, злато и жемчуг.
Пред нею, страстью упоенный,
Безмолвным роем окруженный
Ее завистливых подруг,
Стоял я пленником послушным;
Но дева скрылась от меня,
Промолвя с видом равнодушным:
«Герой, я не люблю тебя!»

К чему рассказывать, мой сын,
Чего пересказать нет силы!
Ах, и теперь, один, один,
Душой уснув, и дверях могилы,

Я помню горесть, и порой,
Как о минувшем мысль родится,
По бороде моей седой
Слеза тяжелая катится.

Но слушай: в родине моей
Между пустынных рыбарей
Наука дивная таится.
Под кровом вечной тишины,
Среди лесов в глуши далекой.
Живут седые колдуны.
И сердце девы я жестокой
Решился чарами привлечь,
Любовь волшебствами зажечь.
Прошли невидимые годы,
Настал давно желанный миг,
И светлой мыслию постиг
Я тайну страшную природы.
В мечтах надежды молодой,
В восторге пылкого желанья,
Творю поспешно заклинанья,
Зову духов. Во тьме ночной

Стрела промчалась громовая,
Волшебный вихор поднял вой.
И вдруг сидит передо мной
Старушка дряхлая, седая,
С горбом, с трясучей головой,
Печальной ветхости картина.
Ах, витязь, то была Наина!..

Я ужаснулся и молчал,
И вдруг заплакал, закричал:
«Возможно ль? Ах, Наина, ты ли?
Наина, где твоя краса?
Скажи, ужели небеса
Тебя так страшно изменили?»
Увы, мой сын, все колдовство
Вполне сбылося, по несчастью:
Ко мне пылало новой страстью

Мое седое божество.
Я убежал, но, гневом вечно
С тех пор преследуя меня,
Душою черной зло любя,
Пылая мщеньем бесконечно,
Колдунья старая, конечно,
Возненавидит и тебя.

Но ты, Руслан
Наины злобной не страшись!
С надеждой, верою веселой
Иди на все, не унывай!
Вперед, мечом и грудью смелой
Свой путь па полночь пробивай!

Руслан

Благодарю тебя, мой дивный покровитель!
На север дальний радостно спешу.
Не страшен мне Людмилы похититель,
Высокий подвиг я свершу!

Но горе мне! Вся кровь вскипела!
Людмила во власти колдуна...
И ревность сердцем овладела!
Но горе, горе мне! Волшебная сила
Чары готовит Людмиле моей!
Ревность вскипела! Где ты, Людмила,
Где ненавистный злодей?

Финн

Спокойся, витязь, злобы сила
Не победит, не победит княжны твоей.

Руслан

Где ты, ненавистный злодей?

Финн

Тебе верна твоя Людмила.

Руслан

Верна моя Людмила!

Финн

Твой враг бессилен перед ней.

Руслан

Что медлить! На север далекий!

Финн

Там ждет Людмила!
Витязь, прости! Там ждет Людмила!
Витязь, прости! Прости, прости!

Руслан

(одновременно с Финном)
Там ждет Людмила!
Старец, прости! Там ждет Людмила.
Старец, прости! Прости, прости!
(Расходятся в разные стороны.)

Пустынное место. Появляется Фарлаф.

Фарлаф

(в испуге)
Я весь дрожу... и если бы не ров,
Куда я спрятался поспешно,
Не уцелеть бы мне!
Что делать мне?
Опасный путь мне надоел.
И стоит ли того княжны умильный взор,
Чтоб за него проститься с жизнью?
Но кто там?

Приближается Наина.

Страшная старушка зачем идет сюда?

Наина

Поверь, напрасно ты хлопочешь,
И страх, и муки переносишь:

Людмилу мудрено сыскать —
Она далёко забежала.
Ступай домой и жди меня;
Руслана победить,
Людмилой овладеть
Тебе я помогу.

Фарлаф

Но кто же ты?

(про себя)
От страха сердце замирает!
Старушки злобная улыбка
Мне, верно, горе, горе предвещает!

(Наине)
Откройся мне, скажи, кто ты?

Наина

Зачем тебе то знать?
Не спрашивай, но слушай.
Ступай домой и жди меня;
Руслана победить,
Людмилой овладеть
Тебе я помогу.

Фарлаф

(про себя)
Вот новые тревоги мне!
Старушки взор меня смущает
Не менее опасного пути...

(Наине)
О, сжалься надо мной!
И, если ты можешь в горе мне помочь,
Откройся, наконец,
Скажи, кто ты.

Наина

Итак, узнай: волшебница Наина я.

Фарлаф

О ужас!

Наина

(насмешливо)
Но не страшись меня:
К тебе я благосклонна;
Ступай домой и жди меня.
Людмилу унесем тайком,
И Светозар за подвиг твой
Отдаст тебе ее в супруги.
Руслана я сманю волшебством,
В седьмое царство заведу;
Погибнет он без вести.

(Исчезает.)

Фарлаф

О радость! Я знал, я чувствовал заране,
Что мне лишь суждено свершить столь славный подвиг!

Близок уж час торжества моего:
Ненавистный соперник уйдет далеко от нас!
Витязь, напрасно ты ищешь княжну,
До неё не допустит волшебницы власть тебя!
Людмила, напрасно ты плачешь и стонешь,
И милого сердцу напрасно ты ждешь:
Ни вопли, ни слезы — ничто не поможет!
Смиришься пред властью Наины, княжна!
Близок уж час торжества моего:
Ненавистный соперник уйдет далеко от нас!
Витязь, напрасно ты ищешь княжну,
До нее не допустит волшебницы власть тебя!
Руслан, забудь ты о Людмиле!
Людмила, жениха забудь!
При мысли обладать княжной
Сердце радость ощущает
И заранее вкушает
Сладость мести и любви.

Близок уж час торжества моего:
Ненавистный соперник уйдет далеко от нас!
Витязь, напрасно ты ищешь княжну,
До нее не допустит волшебницы власть тебя!
В заботах, тревоге, досаде и грусти
Скитайся по свету, мой храбрый соперник!
Бейся с врагами, влезай на твердыни!
Не трудясь и не заботясь,
Я намерений достигну,
В замке дедов ожидая
Повеления Наины.
Недалек желанный день,
День восторга и любви!

Людмила, напрасно ты плачешь и стонешь,
И милого сердцу напрасно ты ждешь:
Ни вопли, ни слезы — ничто не поможет!
Смиришься пред властью Наины, княжна!
Близок уж час торжества моего:
Ненавистный соперник уйдет далеко от нас!
Витязь, напрасно ты ищешь княжну,
До нее не допустит волшебницы власть тебя!

В заботах, тревоге, досаде и грусти
Скитайся по свету, мой храбрый соперник!
Бейся с врагами, влезай на твердыни!
В тревоге, досаде и грусти
Скитайся по свету, мой храбрый соперник!
Бейся с врагами, влезай на твердыни!
Не трудясь и не заботясь,
Я намерений достигну,
В замке дедов ожидая
Повеления Наины,
Повеления Наины.

Близок час торжества моего!
Близок час торжества моего:
Ненавистный соперник уйдет далеко от нас,
Ненавистный соперник уйдет далеко, далеко от нас!
Близок час торжества моего!

Близок час торжества моего:
Ненавистный соперник уйдет далеко от нас,
Ненавистный соперник уйдет далеко, далеко от нас,
Уйдет далеко, далеко от нас!
(Уходит.)

Поле давней битвы. Все окутано туманом. Появляется Руслан.

Руслан

О поле, поле,
Кто тебя усеял мертвыми костями?
Чей борзый конь тебя топтал
В последний час кровавой битвы?
Кто на тебе со славой пал?
Чьи небо слышало молитвы?
Зачем же, поле, смолкло ты
И поросло травой забвенья?..
Времен от вечной темноты,
Быть может, нет и мне спасенья!
Времен от вечной темноты,
Быть может, нет и мне спасенья!

Быть может, на холме немом
Поставят тихий гроб Русланов,
И струны громкие Баянов
Не будут говорить о нем.
Но добрый меч и щит мне нужен:
На трудный путь я безоружен,
И пал мой конь, дитя войны,
И щит, и меч раздроблены.

Руслан ищет меч, но все для него легки, и он их бросает.

Дай, Перун, булатный меч мне по руке,
Богатырский, закаленный в битвах меч,
В роковую бурю громом скованный!
Чтоб врагам в глаза он грозой блистал,
Чтоб их ужас гнал с поля ратного,
Чтоб врагам он грозой блистал!

О Людмила, Лель сулил мне радость;
Сердце верит, что пройдет ненастье,
Что смягченный рок отдаст мне
И любовь твою, и ласки,
И усеет жизнь мою цветами.

Нет, недолго ликовать врагу!
Дай, Перун, булатный меч мне, но руке,
Богатырский, закаленный в битвах меч,
В роковую бурю громом скованный!
Чтоб врагам в глаза он грозой блистал,
Чтоб их ужас гнал с поля ратного!
Как летучий прах, я рассею их!
Башни медные — не защита им.
Помоги, Перун, поразить врагов!
Чары страшные не смутят, не смутят меня.

Дай, Перун, булатный меч мне по руке,
Богатырский, закаленный в битвах меч,
В роковую бурю громом скованный!
Чтоб врагам в глаза он грозой блистал,
Чтоб их ужас гнал с поля ратного!

О Людмила, Лель сулил мне радость;
Сердце верит, что пройдет ненастье,
Что смягченный рок отдаст мне.
И любовь твою, и ласки,
И усеет жизнь мою цветами.
Нет, недолго ликовать врагу!

Тщетно волшебная сила
Тучи сдвигает на нас;
Может, уж близок, Людмила,
Сладкий свидания час!
В сердце, любимом тобою,
Места не дам я тоске.
Все сокрушу предо мною,
Лишь бы мне меч, по руке!

Туман рассеивается. Вдали видна громадная Голова.

Голова

Кто здесь блуждает? Пришлец безрассудный,
Прочь! не тревожь позабытых костей!
Тлеющих витязей сон непробудный
Я стерегу от незваных гостей.

Руслан

Встреча чудесная,
Вид непонятный!

Голова

Прочь! не тревожь благородных костей!
Тлеющих витязей сон благодатный я стерегу от незваных гостей.

Голова дует навстречу Руслану; поднимается буря. Витязь в гневе поражает голову копьем.

Голова

Погиб я!

Голова, пошатнувшись обнаруживает под собой хранимый ею волшебный меч.

Руслан

(взяв меч)
Меч мой желанный,
Я чувствую в длани
Всю цену тебе!
Но кто же ты?
И чей был этот меч?

Голова

Нас было двое: брат мой и я.
Я был известен ростом огромным,
Силой в бою.
Брат мой — волшебник, злой Черномор —
Чудною силой в длинной браде
Был одарен.

                Руслан

Брат твой — волшебник, злой Черномор?

                Голова

В замке чудесном меч-кладенец
Чудный хранился;
Нам он обоим смертью грозил.
Потом и кровью меч я достал,
Оба хотели меч тот оставить
Каждый себе.

                Руслан

Что слышу! Не этот ли меч
Браду Черномора должен отсечь?

                Голова

Брат, уступая меч, мне сказал:
«Кто под землею голос услышит,
Будь тому меч».
Я приложился ухом к земле,
Карла коварный тем мечом мне
Голову снес.
И полетел он с бедной главой
В эту пустыню,
Чтоб подо мною меч я хранил.
Витязь могучий, он твой теперь!

                Руслан

Меч мой чудесный
Злобе коварной
Положит конец!

                Голова

Мщенье коварству!
Злобному брату
Голову прочь!

             * * *

ДЕЙСТВИЕ ТРЕТЬЕ

Волшебный замок Наины. Наина и Девы ей подвластные.

Девы

Ложится в поле мрак ночной,
От волн поднялся ветер хладный.
Уж поздно, путник молодой!
Укройся в терем наш отрадный.

Здесь ночью нега и покой,
А днем и шум и пированье.
Приди на дружное призванье,
Приди, о путник молодой!

У нас найдешь красавиц рой,
Их нежны речи и лобзанья.
Приди на тайное призванье,
Приди, о путник молодой!

Тебе мы с утренней зарей
Наполним кубок на прощанье.
Приди на мирное призванье,
Приди, о, путник молодой!

Ложится в поле мрак ночной,
От волн поднялся ветер хладный.
Уж поздно, путник молодой!
Укройся в терем наш отрадный.
Приди, о, путник молодой!

Наина

Витязи, напрасно ищете Людмилу!
Тщетны о Ратмире слезы Гориславы!
Замка Черномора вам ведь не достигнуть!
Здесь вам всем погибнуть от чар Наины!

Наина и Девы исчезают. Появляется Горислава.

Горислава

Какие сладостные звуки
Ко мне неслись в тиши!
Как друга глас, они смягчают муки
Во глубине души.

К какому путнику мне слышалось призванье?
Увы, не мне!..
Кому ж делить мое страданье
В чужой стране?

Любви роскошная звезда,
Ты закатилась навсегда!
О мой Ратмир,
Любовь и мир
В родной приют
Тебя зовут!
Ужели мне во цвете лет
Любви сказать: «Прости навек!
Прости, прости навек!»

Не для тебя ль мне чуждой стала
Россия милая моя?
Ревнивый пламень затая,
Не я ль с покорностью молчала,
Когда для неги в тишине
Платок был брошен не ко мне?
О мой Ратмир,
Любовь и мир
В родной приют
Тебя зовут!
Ужели мне во цвете лет
Любви сказать: «Прости навек!
Прости, прости навек!»

Тоска из мирного гарема
Меня изгнала за тобой,
О, возвратись на брег родной!
Ужель венок тяжеле шлема,

И звуки труб, и стук мечей
Напева жен твоих милей?

Горислава уходит. К замку приближается усталый от долгого пути Ратмир.

Ратмир

И жар, и зной
Сменила ночи тень.
Как мечты, звезды тихой ночи
Сладким сном душу, сердце нежат.
Засни, засни, усталая душа!
Сладкий сон, сладкий сон, обними меня!

Нет, сон бежит!..
Знакомые кругом мелькают тени,
Тоскует кровь,
И в памяти зажглась забытая любовь,
И рой живых видений
О брошенном гареме говорит.
Хазарии роскошный цвет,
Мои пленительные девы,
Скорей, сюда, ко мне!
Как радужные сны,
Слетите, чудные!
Ах, где вы? где вы?

Чудный сон живой любви
Будит жар в моей крови;
Слезы жгут мои глаза,
Негою горят уста.
Тени таинственных дев
В горячих объятьях дрожат...

Ах, не улетайте,
Не покидайте
Страстного друга
В жаркий, в жаркий час любви!
Не улетайте, милые девы!

Страстный шум живых речей,
Яркий блеск младых очей,

Юных дев воздушный вид
Мне о былом говорит...
Блещет зарницей живой
Улыбка во мраке ночном,
Светит любовью былой,
И — радостно в сердце моем.
Ах, не разбегайтесь,
Не разлетайтесь,
Юные девы,
Милые девы
В жаркий час любви!
Чудный сон живой любви
Будит жар в моей крови;
Слезы жгут мои глаза,
Негою горят уста.
Тени таинственных дев
В горячих обьятьях дрожат...
Ах, не улетайте,
Не покидайте
Страстного друга
В жаркий, в жаркий час любви!
Чудный сон живой любви
Будит жар в моей крови;
Слезы жгут мои глаза,
Негою горят уста.
Скорей сюда ко мне слетайте,
Чудные девы мои!

Появляются девы Наины и своими плясками очаровывают Ратмира. Возвращается Горислава.

Горислава

О мой Ратмир,
Ты здесь опять со мной!
В объятиях твоих
Дай прежние восторги мне узнать
И заглушить страдания разлуки
Лобзаньем страстным и живым!

(Взволнованно)
Но ты не узнаешь меня?
Твой взор кого-то ищет?
О, возвратись, мои милый друг,
К прежней любви!
Скажи, чем я прогневала тебя?
Ужель любовь, страданья...

     Ратмир

Зачем любить? Зачем страдать?
Нам жизнь для радости дана!
Прекрасна ты, но не одна,
Но не одна прекрасна...
Оставь докучные мечты,
Лови лишь наслажденья час!

(Девы окружают Ратмира и заслоняют Гориславу.)

     Девы

Милый путник, как давно мы
В час заката ждем тебя!
Ты явился на призванье
И восторги нам принес.
Оставайся, милый, с нами
Жизни радости делить;
Не гоняйся по-пустому,
Тщетной славы не ищи!
Как роскошно, беззаботно
С нами будешь дни вести!

     Горислава

(Ратмиру)
О, не вверяйся ласкам коварным!
Нет, не любовью, — злобной насмешкой
Очи сверкают мстительных дев!

     Девы

Оставайся, милый, с нами
Жизни радости делить!

Как роскошно, беззаботно
С нами будешь дни вести!

Приближается Руслан.

Девы

Вот другого на погибель
Шлет Наина гостя нам!
Не страшимся! Под покровом
Чар Наины ты падешь.

Руслан

(входя)
Скоро ль я найду хищного врага?
Но не здесь ли его обитель?
Мщенье, злоба дух тревожат;
Меч волшебный жертвы ждет.

Горислава

Моленья тщетны:
Он очарован!
Он ослеплен!
Очи покрыты
Неги истомой!
Гордой улыбкой,
Страстным желаньем
Сжаты уста!

Девы

Вот другого на погибель
Шлет Наина гостя нам!
Не страшимся! Под покровом
Чар Наины ты падешь.

Горислава

(Руслану)
О доблестный витязь!
Сжалься над бедной,
Брошенной жертвой любви!
Я страстью пылаю

К прекрасному другу,
А он, увлеченный
Толпою прелестниц,
Не видит, не помнит
Своей Гориславы!..
Я все на жертву
Ему принесла.
Отдай же мне, отдай сердце,
Любовь вороти!

Руслан

(очарованный Гориславой)
Этот грустный взор,
Страстью распаленный;
Голос, звук речей,
Стройные движенья —
Тревожат сердце мне...
И Людмилы милый образ
Тускнет, исчезает.
О боги, что со мной?
Сердце ноет и трепещет.

Ратмир

Зачем любить? Зачем страдать?
Нам жизнь для радости дана!
Оставя славу и заботы,
Прямая жизнь — искать утех
И наслажденья.

Горислава

Тщетны моленья!
Он очарован!
Боги, вы сжальтесь
Над девой несчастной!
Зажгите в Ратмире
Прежние чувства!

                                    Руслан

Этот грустный взор,
Страстью распаленный;
Голос, звук речей,
Стройные движенья —
Тревожат сердце мне...
И Людмилы милый образ
Тускнет, исчезает.
Боги, что со мною?
Сердце ноет и трепещет.

                                    Горислава

Горе мне! Не внемлют боги
Воплю сердца моего!
Здесь останусь, здесь погибну
От жестоких мук любви!

                                    Ратмир

Между дев живых, прелестных
Здесь останусь навсегда!
Каждый день восторгом новым
Оживляться буду я!

                                    Руслан

Нет, уж я не в силах боле
Мук сердечных превозмочь!
Взоры дев терзают сердце,
Как отравленной стрелой!

                                    Девы

Горе, горе вам,
Бедным путникам!
У Наины здесь
Вы под властию.
Все усилия
Не помогут нам,
Не избавят вас
От волшебницы.
Завлекли мы вас

В сеть коварную,
Лаской хитрою
Усыпили вас.
Горе, горе вам,
Бедным путникам!
У Наины здесь
Вы под властию.
Горе вам, горе вам!

Появляется Финн. Девы исчезают.

Финн

Витязи! коварная Наина
Успела вас обманом обольстить,
И вы могли в постыдной неге
Высокий подвиг свой забыть!
Внимайте же! мною вам судьба
Свои веленья объявляет:
Лживой надеждой, Ратмир, не пленяйся:
Счастье с одной Гориславой найдешь.
Будет Людмила подругой Руслана —
Так решено неизменной судьбой.
Прочь, обольщенья! Прочь, замок обмана!

Поводит волшебным жезлом; замок мгновенно превращается в лес.

Горислава, Финн

Теперь Людмила от нас спасенья ждет!
Волшебства сила пред мужеством падет!
Вас путь опасный не должен устрашить:
Удел прекрасный — иль пасть, иль победить!

Ратмир, Руслан

(одновременно с Гориславой и Финном)
Теперь Людмила от нас спасенья ждет!
Волшебства сила пред мужеством падет!
Нас путь опасный не должен устрашить:
Удел прекрасный — иль пасть, иль победить!

* * *

ДЕЙСТВИЕ ЧЕТВЕРТОЕ

Волшебные сады Черномора.

Людмила

Вдали от милого, в неволе
Зачем мне жить на свете боле?
О ты, чья гибельная страсть
Меня терзает и лелеет!
Мне не страшна злодея власть:
Людмила умереть умеет!
Волны, волны голубые,
Дайте мир душе моей!

Хочет броситься в воду, но оттуда появляются водяные девы и удерживают её.

Невидимый хор

Покорись судеб веленьям,
О прекрасная княжна!
Все здесь манит к наслажденьям,
Жизнь здесь радостей полна!

Водяные девы исчезают.

Людмила

О, что мне жизнь! Какая радость?
Кто возвратит ее?
Едва взаимная любовь
Мою приветствовала младость,
Едва возник блаженства день —
И нет уже со мной Руслана!
И счастье скрылося, как тень,
Как солнце в облаках тумана!

Из цветов выходят волшебные девы и стараются утешить Людмилу.

Невидимый хор

Не сетуй, милая княжна!
Развесели свой взор прекрасный!
И этот замок, и страна,
И властелин тебе подвластны.

Не сетуй, милая княжна!
Что помнить с печалью былое!
Яснее здесь солнце златое,
Томнее здесь в ночи луна,

Незримые дивы, летая,
С ревнивым вниманьем любви,
С заботою, дева младая,
Здесь дни охраняют твои.

Волшебные девы исчезают.

Людмила

Ах ты, доля-долюшка,
Доля моя горькая!
Рано мое солнышко
За ненастной тучею,
За грозою скрылося.
Не видать мне более
Ни родного батюшки,
Ни драгого витязя!
Тосковать мне, девице,
В безотрадной долюшке!

Появляется роскошно убранный стол. Золотые и серебряные деревья ведут куранты.

Невидимый хор

Не сетуй, милая княжна!
Развесели свой взор прекрасный!
И этот замок, и страна,
И властелин тебе подвластны.

Людмила

Не нужно мне твоих даров,
Ни скучных песен, ни пиров!
Назло, в мучительной истоме,
Умру среди твоих садов!

Невидимый хор

И этот замок, и страна,
И властелин тебе подвластны.

Людмила

Назло, в мучительной истоме,
Умру среди твоих садов!

Невидимый хор

Склонись к любви, почтительной и страстной,
Склонись к любви!

Людмила

Безумный волшебник!
Я — дочь Светозара,
Я — Киева гордость!
Не чары волшебства
Девичье сердце
Навек покорили,
Но витязя очи
Зажгли мою душу,
Витязя очи
Зажгли душу мне!

Чаруй же, кудесник,
Я к смерти готова.
Презрения девы
Ничем не изменишь!

Невидимый хор

Напрасны слезы, гнев бессилен!
Смиришься, гордая княжна,
Пред властью Черномора!

Людмила падает без чувств. Над ней опускается прозрачный шатер. Волшебные девы обвевают ее опахалами из перьев Жар-птицы.

Невидимый хор

Мирный сон, успокой
Сердце девы!
Пусть печаль и тоска
От нее прочь летят!
Жениха позабыв,
Пусть княжна будет здесь
Весела, как дитя;
Не избегнуть ей тогда
Власти Черномора.

Появляется шествие: музыканты, рабы и подвластные Черномора, наконец, и сам волшебник — старик-карлик с огромнейшей бородой, которую несут на подушках арапчата. Людмила приходит в себя и, когда Черномор садится возле нее на трон, выражает жестами негодование. По знаку Черномора начинаются танцы: турецкий, затем арабский и лезгинка. Неожиданно раздаются звуки трубы, зовущие Черномора на поединок. Вдали показывается Руслан. Общее волнение. Черномор повергает Людмилу в волшебный сон и убегает с частью своей свиты.

Невидимый хор

Погибнет, погибнет нежданный пришлец!
Пред грозной твердыней волшебного замка
Не мало погибло богатырей.

Видно, как пролетают Черномор с Русланом, сражающиеся друг с другом.

О чудо! Что видим!
Где витязь нашелся,
Способный сразиться
С волшебником мощным?
Бедою нам грозит судьба!
Кто победит, и кто погибнет?

И жребий нас какой постигнет?
И чем окончится борьба?

Руслан входит победителем; борода Черномора обвита вокруг его шлема. С ним Горислава и Ратмир.

      Руслан

Победа, победа, Людмила!..
Что значит твой сон?
Людмила, я здесь, злодей побежден,
И чары любовь сокрушила!

     Горислава, Ратмир

Волшебный сковал ее сон!
Ах, тщетно злодей побежден:
Не гибнет враждебная сила!

      Руслан

О, жизни отрада,
Младая супруга!
Ужель ты не слышишь
Стенания друга?

Но сердце ее
Трепещет и бьется,
Улыбка порхает
На милых устах.

Неведомый страх
Мне душу терзает!
О други, кто знает,
Ко мне ли улыбка летит,
И сердце по мне ли дрожит?

      Ратмир

Кипучая ревность
Его возмущает!

      Горислава

Кто любит, невольно
Тот ревность питает!

Хор

Свирепая ревность
Его возмущает!
За бороду карлы
Перун отомщает!

Руслан

(в отчаянии)
О, други! может быть, она
Моей надежде изменила?
Могла ль несчастная Людмила
Разрушить ковы колдуна?

Пытается разбудить Людмилу.

Людмила, Людмила,
Дай сердцу ответ!
Сказать ли мне горько
Блаженству — прости?!

Горислава, Ратмир

Невинность младенца
Играет румянцем
На алых щеках;
Цвет снежной лилеи
Торжественно блещет
На юном челе.

Руслан

Скорее, скорее в отчизну!
Кудесников сильных сзовем
И к радостям вновь оживем
Иль справим печальную тризну.

Горислава, Ратмир

Скорее на полдень пойдем,
И там, на Киевском бреге,
Кудесников сильных сзовем
И к жизни княжну воззовем.

Девы

Опустеют наши сени,
Арфа духов замолчит,
И приют любви и лени
Скоро время разорит.

Рабы

Витязь сильный, витязь славный,
Да свершится наш удел!
Мы готовы в путь с тобою,
С усыпленною княжной
В дальний, чуждый нам предел!

Руслан

Скорее, скорее в отчизну!

Горислава

Скорее на полдень пойдем!

Ратмир, Руслан

Кудесников сильных сзовем!

Горислава

И к жизни княжну воззовем!

Горислава, Ратмир, Руслан

К жизни княжну воззовем!
К радости, к радости воззовем!

* * *

ДЕЙСТВИЕ ПЯТОЕ

Долина. Лунная ночь. Ратмир сторожит стан.

Ратмир

Она мне жизнь, она мне радость!
Она мне возвратила вновь
Мою утраченную младость,
И счастье, и любовь!
Меня красавицы любили,
Но тщетно пленниц молодых
Уста восторги мне сулили:
Я для нее покину их!

Оставлю мой гарем веселый
И в тени сладостных дубрав
Забуду меч и шлем тяжелый,
А с ними славу и врагов!
Она мне жизнь, она мне радость!
Она мне возвратила вновь
Мою утраченную младость,
И счастье, и любовь!

Все тихо. Дремлет стан.
Близ очарованной Людмилы
Руслан забылся кратким сном.
Не в силах бедный витязь
От чар Наины освободить княжну.
Спокойно отдохните,
Я стерегу ваш тихий сон,
А завтра вновь в привычную дорогу:
На Киев мы направим путь.
Быть может, там мы отдохнем,
И минет наше горе.

Бегут рабы Черномора.

                                    Рабы

В страшном смятенье,
В диком волненье
Мрачным собраньем
Сходится стан:
Скрылся Руслан!..
Тайно, неведомо.
Скрылась княжна!..
Духи ночей
Легче теней
Деву-красавицу
В полночь похитили!
Бедный Руслан,
Цели не ведая,
Тайною силою
В полночь глубокую
Скрылся за бедной княжной!..

По знаку Ратмира рабы удаляются.

                                    Ратмир

Что слышу я?
Людмилы нет?
Быть может, вновь
Во власти злых волшебников она!
За ней Руслан,
Мой витязь бедный,
Исчез во тьме ночной...
Кто их спасет?
Где избавитель?
Что медлит Финн?

Появляется Финн с волшебным перстнем.

                                    Финн

Успокойся, минет время,
Радость тихая блеснет,
И над вами солнце жизни,
Радость тихая взойдет.
Успокойся, злой Наины

То последний был удар.
Вас зовет иная доля,
Минут козни злобных чар!

Ратмир

Ты разрушил злые козни,
От Наины ты их спас.
Будь же им защитой снова,
Помоги им в грозный час;
Помоги им, как и прежде,
Будь опорой от врагов!
Ты за нас, и я надежде,
Я блаженству верю вновь.

Финн

Успокойся, минет время,
Радость тихая блеснет,
И над вами солнце жизни,
Счастье новое взойдет.

Ратмир

(одновременно с Финном)
Я спокоен, минет время,
Радость тихая блеснет,
И над нами солнце жизни,
Счастье новое взойдет.

Финн

Злые сети разорву я!
Власть моя их вновь спасет,
Людмиле и Руслану
Счастье новое блеснет.

Вручает Ратмиру волшебный перстень.

С перстнем сим волшебным в Киев ступай!
На пути ты увидишь Руслана.
Перстень сей разбудит княжну ото сна,
И снова на радость проснется она,
Жива и прекрасна, как прежде.

                Ратмир

С полной верой перстень в Киев снесу
И Руслану вручу с упованьем.
Перстень сей разбудит княжну ото сна,
И снова проснется на радость она,
Жива и прекрасна, как прежде.

                Ратмир, Финн

Страданьям наступит конец,
Мы горе забудем былое,
И свежий венец
Украсит княжны чело молодое.

                Ратмир

С перстнем сим волшебным в Киев пойду.
Там я увижу Руслана.
Перстень сей разбудит княжну,
И снова на радость проснется она,
И прежней блеснет красотою.

                Ратмир, Финн

Страданьям наступит конец,
Мы горе забудем былое;
Надежда воскреснет, и свежий венец
Украсит чело молодое,
И радость обнимет веселых гостей.

                Финн

Иди же, мой витязь, на Киев скорей!

                Ратмир, Финн

На Киев скорей!

Гридница. В глубине на высоком, богато убранном ложе покоится спящая Людмила. Ее окружают Светозар, Фарлаф, придворные, сенные девушки, няни, мамки, отроки, гридни, дружина и народ.

Хор

Ах ты, свет-Людмила,
Пробудись, проснися!
Ах, зачем вы, очи голубые,
Звездочкой падучей
На заре румяной
На тоску, на горе
Рано закатились?
Горе нам!
Скорбный час!
Кто прервет сон чудный?
Как дивно, как долго
Спит княжна!

Светозар

Фарлаф, Людмилы безответный труп
Принес ты Светозару.
Витязь, разбуди ее!
Отдай мне дочь! Отдай мне жизнь!

Фарлаф

Все изменило! Обманчивы чары Наины!
О, нет, Людмила не проснется!
И страх, и стыд взглянуть
На бедную княжну!

Хор

Ой, Фарлаф, горе-богатырь,
Разбуди ж княжну словом молодецким!
Не проснется птичка утром,
Если солнца не увидит;
Не проснется, не очнется,
Звонкой песнью не зальется!

Ах, Людмила,
Не могила
Взять тебя должна,
Милая княжна!

Светозар

Могила! гроб!.. Какие песни!
Ужели вечен ужасный сон?

Фарлаф

И страх, и стыд глядят мне в очи!
Наина, сжалься: Фарлаф погиб!

Хор

В храм богов спеши, наш князь,
Неси и жертвы, и мольбы!
Верховный гнев отца богов
Постигнет чародеев.
Не проснется птичка утром,
Если солнца не увидит;
Не проснется, не очнется,
Звонкой песнью не зальется!

Ах, Людмила,
Не могила
Взять тебя должна,
Милая княжна!

Светозар

Могила! гроб!.. Какие песни!
Ужели вечен ужасный сон?

Фарлаф

И страх, и стыд глядят мне в очи!
Наина, сжалься: Фарлаф погиб!

Хор

В храм богов спеши, наш князь,
Неси и жертвы, и мольбы!
Верховный гнев отца богов
Постигнет чародеев.
Не проснется птичка утром,
Если солнца не увидит;

Не очнется, не проснется,
Звонкой песнью не зальётся!

Ах, Людмила,
Не могила —
Витязь молодой
Сон нарушит твой!

Слышно приближение всадников.

Хор

Кого нам боги шлют?
Какую весть услышим мы?

Входят Руслан, Ратмир и Горислава.

Руслан

О радость!

Фарлаф

Руслан? О, ужас!

Светозар

Руслан! О радость!

Фарлаф скрывается. Руслан подходит с волшебный перстнем к спящей Людмиле.

Хор

Что будет с нею?

Руслан

Радость, счастье ясное
И восторг любви...
Снова возвращаются,
Милый, нежный друг!

Хор

Что будет с нею?

Руслан

Как туман, рассыплется
Разлуки злой безвременье...
Проснись, проснись, прекрасная,
На радость всем!

Людмила

(во сне)
Радость, счастье ясное
И восторг любви...

Горислава, Ратмир, Светозар

Вот оживает!

Людмила

Снова возвращаются...
Милый, нежный друг!

Горислава, Ратмир, Светозар, Руслан

Вот оживает!

Людмила

Как туман, рассыплется
Разлуки злой безвременье!
Пробуждается.
Ах, где я? Что со мной?
Радость, милый друг!

Хор

Коль сладок свиданья час
Юной радостной четы!

Людмила

Ах, то был тягостный сон!
Милый мне возвращен,
И друзья, и отец,
Разлуке конец!

Горислава, Ратмир

Слава Лелю, слава!
О могучий Финн!
Сбылся торжественный твой обет!
Славен, славен могучий Финн!
Победил Наину могучий Финн!

Руслан

Слава Лелю, слава!
Могучий Финн! Все совершилось!
Велик, славен могучий Финн!
Победил Наину Финн!

Светозар

Слава Лелю! Слава небесам!
Все совершилось! Могучий Финн!

Хор

Слава Лелю! Слава Ладу
И богам! О чудо! Что будет?

Людмила

Радость в сердце льется
Райской струей!
Веселие зарей
Снова нам светит!
Ах, то был тягостный сон!
Милый мне возвращен,
Ты со мной, мой отец,
Разлуке конец! Славен, славен Финн!

Горислава, Ратмир, Руслан, Светозар

Рай в устах, в лице, в речах,
И светит, и играет. О, могучий Финн,
Сбылся торжественный твой обет!
Все совершилось! Славен могучий Финн!

Хор

Что еще нас ждет в торжественный сей день?
Что нас ждет? Что ждет?

Занавесы гридницы раскрываются; вдали виден древний Киев. Народ радостно стремится к князю.

Хор

Слава великим богам!
Слава отчизне святой!
Слава Руслану с княжной!
Да процветает в полной силе и красе
Милая сердцу юная чета!
Да воссияет славой, счастием земным
Наша отчизна в поздние века!
Боги, могучей дланью храните
В мире и счастье верных сынов,
И пусть не посмеет хищный, лютый враг
На наших потомков восстать!
Радость ныне боги дали нам!

Ратмир

Радость и утехи чистой любови
С вами будут вечно, друзья!
Вы же не забудьте вашего друга,
С вами он душой всегда!

Горислава, Ратмир

Жизнь струей игривой промелькнет!
Злое горе места не найдет!
Пусть память скорбных дней
Будет мечтой!

Хор

Да процветает в полной силе и красе
Милая сердцу юная чета!
Да воссияет славой, счастием земным
Наша отчизна в поздние века!
Боги, могучей дланью храните

В мире и счастье верных сынов,
И пусть не посмеет хищный, лютый враг
На наших потомков восстать!
Радость ныне боги дали нам!

Горислава

Радость и утехи чистой любови
С вами будут вечно, друзья!
Вы же не забудьте нас в разлуке,
С вами мы душой всегда!
Жизнь струёй игривой промелькнет!
Злое горе места не найдет!
Пусть память скорбных дней
Будет мечтой!

Ратмир

Радость любви — ваш удел,
Но нас не забудьте, друзья!
Жизнь струёй игривой промелькнет!
Злое горе места не найдет!
Пусть память горя будет мечтой!

Хор

Слава великим богам!
Слава отчизне святой!
Слава Руслану с княжной!
Да промчатся звуки славы,
Край родимый,
В отдаленные страны!
Да процветает в силе и красе
Наш край родимый в вечны времена!
Хищный, лютый враг,
Страшись могущества его!
И на всей на земле
Осенит отчий край
Слава! Слава! Слава!

КОНЕЦ ОПЕРЫ

Also available from JiaHu Books:

Русланъ и Людмила — А. С. Пушкин - 9781909669000

Евгеній Онѣгинъ — А. С. Пушкин — 9781909669017

Пиковая дама, Медный всадник, Цыганы — А. С. Пушкин — 9781784350116

Капитанская дочка — А. С. Пушкин — 9781784350260

Борис Годунов — А. С. Пушкин - 9781784350291

Анна Каренина — Л. Н. Толстой — 9781909669154

Дядя Ваня — А. П. Чехов — 9781784350000

Три сестры — А. П. Чехов — 9781784350017

Вишнёвый сад — А. П. Чехов - 9781909669819

Чайка — А. П. Чехов — 9781909669642

Дуэль — А. П. Чехов — 9781784350024

Иванов — А. П. Чехов — 9781784350093

Шутки - А. П. Чехов — 9781784350109

Записки из подполья — Ф. Достоевский - 9781784350472

Рудин — И. С. Тургенев — 9781784350222

Записки охотника - И. С. Тургенев — 9781784350390

Нахлебник - И. С. Тургенев — 9781784350246

Отцы и дети — И. С. Тургенев - 978178435123

Ася — И. С. Тургенев — 9781784350079

Первая любовь — И. С. Тургенев — 9781784350086

Вешние воды — И. С. Тургенев — 9781784350253

Накануне — И. С. Тургенев — 9781784350512

Мать — Максим Горький — 9781909669628

Конармия — Исаак Бабель — 9781784350062

Человек-амфибия — А. Беляев - 9781784350369

Рассказ о семи повешенных и другие повести — Л. Н. Андреев — 9781909669659

Леди Макбет Мценского уезда и Запечатленный ангел - Н. С. Лесков - 9781909669666

Очарованный странник — Н. С. Лесков — 9781909669727

Некуда — Н. С. Лесков -9781909669673

Мы - Евгений Замятин- 9781909669758

Санин — М. П. Арцыбашев — 9781909669949

Двенадцать стульев — Ильф и Петров - 9781784350239

Золотой теленок — Ильф и Петров - 9781784350468

Мастер и Маргарита — М.А. Булгаков - 9781909669895

Собачье сердце — М.А. Булгаков — 9781909669536

Записки юного врача — М.А. Булгаков — 9781909669680

Роковые яйца — М.А. Булгаков — 9781909669840

Горе от ума — А. С. Грибоедов - 9781784350376

Рассказы для детей - Д. Хармс - 9781784350529

Евгений Онегин (Либретто) — 9781909669741

Пиковая Дама (Либретто) — 9781909669918

Борис Годунов (Либретто) — 9781909669376

Раскіданае гняздо/Тутэйшыя - Янка Купала – 9781909669901

Чорна рада — Пантелеймон Куліш – 9781909669529